Ina Müller

Das Liederbuch

BOSWORTH Edition
The Music Sales Group
www.bosworth.de

Ina Müller – Das Liederbuch

Copyright © 2012 by Bosworth Music GmbH - The Music Sales Group

Arrangement: Frank Speer
Satz und Layout: Tilo Müller
Fotos: Public Adress / Sebastian Gram
Coverfoto: Mathias Bothor

BOE7632
ISBN 978-3-86543-730-3

Printed in the EU.

www.bosworth.de

Inhalt

Das wär dein Lied gewesen

Musik: Ina Müller
Text: Ina Müller, Frank Ramond

Dm A Em
Dur und Moll, das war bei - des nicht so doll. Das wär dein Lied ge - we - sen, doch zu
D A Em
dir fällt mir ein - fach nichts ein. Das wär dein Lied ge - we - sen, doch du
D A E F♯m
reichst nicht mal für zwei - ein - halb Zeil'n. Nein es hat kein Re - frain und auch kein Hap - py - end, nicht mal 'nen
D Dm To Coda A
Sound, den man wie - der - er - kennt. Es war al - les so la - la. Ich hab mir die größ - ten Hits von

31
Em
D
Grö-ne-mey-er an - ge-hört, von Maf-fay und Lin-den-berg, hab al-les ganz laut mit-ge-röhrt.
35
Dm
A
Al-les so laut mit-ge-röhrt.
Hab trau-ri-ge Fil-me ge-guckt,
39
Em
Jacques Brel und Klas-si-sches Bal-lett.
Mir "Krieg und Frie-den" raus-ge-sucht
und las es durch von A bis
42
D
Dm
D.S. al Coda
Z.
Hab mich so kon-zen-triert und war null in-spi-riert. Das wär dein

Coda
A E/G♯ D F♯m
la. La la la la, la la la la la la la, la la la la. Was ham' wir bloß so
E D Dm
lang und breit die gan-ze Zeit zu-sam-men zu zweit ge-macht? Oh, oh. Das wär dein
A Em D A
Lied ge-we-sen, doch zu dir fällt mir ein-fach nichts ein. Das wär dein Lied
Em D 1. A 2. A
ge-we-sen, doch du reichst nicht mal für zwei-ein-halb Zeil'n. Das wär dein

Die Nummer

Musik: Alexander Zuckowski
Text: Frank Ramond

E Am Dm D#o E
23
Mal die fal - sche PIN. Ich krieg das heut nicht hin. Zwei Mal die
1 o - der B 4. Ich bin to - tal ver - wirrt. Das war die
Am E F C Am E
29
acht, fünf, sie - ben, nee, die - se Zahl ist krumm. War's mein Ge - burts - jahr rück - wärts
null, eins, sie - ben, gut, a - ber was dann? All mei - ne E - sels - brü - cken
F C Dm G E
35
o - der rich - tig rum? Das Da - tum mei - ner Tau - fe durch die An - zahl mei - ner Ex.
falln in sich zu - samm'n. Die Zahl an mei - ner Haus - tür mal ich selbst, nee, das ist Stuss.
Am Dm G E Am
40
Ich kann mich nicht er - in - nern, ich glaub ich tipp zu oft die sechs.
O 2 o - der D 2, ich glaub ich sitz im fal - schen Bus. Ver - dammt, die

F C/E Dm G E Am
45
ein - zi - ge Num - mer, die ich mir heu - te mer - ken kann,_ ist die ges - tern mit dir. Dab bab bab
3 3
C Am C
51
bab bab ba dab, ba_ dab bab bab bab bab ba dab. Ba_ dab bab bab bab bab ba dab, ba_ dab bab bab
1. 2.
F G E Am
57
bab bab ba bap. Du Wo hab ich in die - sem Park - haus bloß mein' B - M - W ge - parkt?_ Weiß
F G E Am Dm D♯°
63
nicht mal ob's_ 'n 3 - er o - der ob's 'n 5 - er war._ Ich komm heut echt nicht

69
E Am E F C
klar. Wie war mein Num - mern - schild noch,__ H - H a - ber__ was dann?__ All mei - ne
75
Am E F C Dm G
E - sels - brü - cken__ falln in sich__ zu - samm'n.__ Ver - dammt, wie - viel Chi - ne - sen war'n das
81
E Am Dm G E Am
mit dem Kon - tra - bass?__ Die Bre - mer Mu - si - kan - ten gleich da - hin - ter, o - der was?__ Ver - dammt, die
87
F C/E Dm G E Am
ein - zi - ge Num - mer, die ich mir heu - te mer - ken kann,__ ist die ges - tern mit dir.

Fast drüber weg

Musik: Alexander Zuckowski
Text: Ina Müller, Frank Ramond

C7 F Dm
11
Typ - en, der ge - nau - so heißt wie du.
Die Nacht ist wie - der da,
Gm7 C7 F Dm
14
ziehtmich zu Bo - den, wie - der mal.
Was soll's, ein wei - t'rer Tag
Gm7 C7(sus4) A7
18
oh - ne dich ist ab - ge - hakt.
Ich hab dich
Dm Gm7 C7
21
heut noch nicht ge - goo - gelt, hab zwei - mal nur ge - weint, hab 'nem Freund er - zählt, es geht mir gut, und es

24
F
Dm
Gm7
3fr
bei-nah so ge-meint. Hab letz-te Nacht ganz kurz ge-schla-fen, die Nach-barn nicht ge-weckt, ein
27
C7
A7
To Coda
Dm
Kis-sen-berg hat mei-nen Schrei nach dir er-stickt. Ich bin fast drü-ber weg.
30
Gm7
3fr
C7
F
Dm
Fast drü-ber weg. Nahm das Bild von dir heut Mor-gen von der Wand,
34
Gm7
3fr
C7
F
hab statt-des-sen ir-gend-was an-d'res an-ge-bracht. Da-bei

37
Dm
Gm7
3fr
C7
F
schlug ich mir den Ham-mer auf die Hand.
Hab dann ein paar Mi-nu - ten nicht an dich ge-dacht.
Ich
41
Dm
Gm7
3fr
C7
F
weiß,
der Weg ist weit,
die Wun-den hei - len
kann nur die Zeit.
Die
45
Dm
Gm7
3fr
C7(sus4)
3fr
A7
D.S. al Coda
Nacht
raubt mir den Mut,
doch die-ser Tag
war fast schon gut.
Ich hab dich
Coda
49
Dm
3x
Ich bin fast drü-ber weg.

Mit Mitte 20

Musik: Ina Müller
Text: Ina Müller, Frank Ramond

D
Bm
A
E/G♯
19
- zig, nicht so feist und_ fies._ Mit Mit - te zwan - zig sind die Jungs nicht_ reich,_ doch sie be - mühn
D
Bm
C♯m
Bm
23
_ sich, ih - re Haut ist_ weich._ Man kann sich küm - mern, kann sie be - mut - tern, sie fühln sich
C♯m
D
To Coda
A
D
27
gut an, sind so schön an - zu - sehn, wenn sie du - schen gehn.
A
D
A
D
32
Das grad im Bett, das hast du gut ge - macht. Komm wir stehn auf und dann ziehn_ wir durch_ die Nacht.

A D G
36
Du willst so gern mal in der Ga-la stehn, dann lass uns mor-gen doch zu-samm'n zum E - cho gehn.
D E A E/G♯ F♯m
40
Du suchst 'nen Job in der Wer - bung, ich ruf da mor-gen an. Ich kenn so'n Ty-pen im Vor-stand, der dir hel-fen
Bm
44
D.S. al Coda
kann. Mit Mit-te zwan
Coda F♯ C♯/E♯ B
G♯m F♯ C♯/E♯ B E
49
4fr
Mit Mit-te zwan-

A E/G♯ D Bm
54
- zig sind die Jungs noch_ süß,__ sind nicht so ran - zig, nicht so feist und_ fies.__ Mit Mit - te zwan-
A E/G♯ D Bm
58
- zig sind die Jungs nicht_ reich,__ doch sie be - mühn_ sich, ih - re Haut ist_ weich.__ Man kann sich
C♯m Bm C♯m D
62
küm - mern, kann sie be - mut - tern, sie fühln sich gut an, sind so schön an - zu - sehn,_
A E/G♯ D Bm A
66
wenn sie du - schen gehn.

Fremdgehen

Musik: Johannes Oerding
Text: Frank Ramond

16
Em
A
Den wil - den Rausch hat der All - tag uns ge - klaut.
Frag nicht, wie - so das bil - li - ge Ho - tel.
20
Em
A(sus4)
A
Wir hab'n den Kick ver - lorn, wir warn uns zu ver - traut.
Wir ha - ben nicht viel Zeit, und drau - ßen wird's schon hell.
Lass uns 'nen Au -
25
D
Bm
G
- gen - blick nicht kenn', lass uns auch nicht beim Na - men nenn'. Geh noch mal raus,
29
D
Bm
G
komm wie - der rein, lass uns zwei Un - be - kann - te sein. Gib mir 'nen Kuss,

33
Bm7
D
G
der so viel auf - wühlt, dass er sich wie ver - bo - ten an - fühlt. Komm lass uns küs -
37
Bm7
D
G
F♯m
Em
- sen bis wir ab - gehn, bis wir uns plötz - lich an - ders an - sehn. Bis es sich
41
D
Bm7
Gmaj7
an - fühlt wie Fremd - gehn. Mmh, mh, mh.
45
D
Bm7
Gmaj7
Mmh, mh,

Drei Männer her

Musik: Hartmut Kayser, Frank Ramond
Text: Ina Müller, Frank Ramond

E♭
14
B♭
- ne Stim - me hör.__ Und gra - de heu - te fehlst__ du mir__ be - son - derst laut.__
F
A♭
Gm
A♭
Gm
16
__ Und im - mer wie - der seh__ ich Sa - chen, da muss ich plötz - lich laut - hals la - chen und
4fr
A♭
E♭
F
19
weiß ge - nau,__ das könnst__ jetzt echt nur du ver - stehn.__ Das
E♭
B♭
F
E♭
B♭
21
letz - te Mal,__ das ich__ so rich - tig aus - ge - las - sen war,__ das war mit dir da - mals__ auf Sylt__ in der

F Cm Gm Cm Gm
San - si - bar. Wir ham ge - quatscht bis in die Pup - pen, und vor - her gin - gen wir sinn - los Shop - pen. Wir schwamm'n be -
E♭ F To Coda Gm E♭ B♭
- sof - fen nachts im Meer, das ist jetzt un - ge - fähr drei Män - ner her. uh, uh, uh, uh, uh,
F Gm E♭
uh. Man wär das schön, mit dir jetzt Schu - he kau - fen gehn, wir quä - len Ver - käu -
B♭ F Gm
- fer - in - nen und läs - tern rich - tig ab. Du lebst bei ihm in Köln, und für mich fühlt

38
E♭
B♭
F
es sich so an, als ob ich ir-gend-wo am Reihn 'ne Schwes-ter hab. Sie hie-ßen
41
A♭
4fr
Gm
A♭
4fr
Gm
Hel-ge, Tom und Pe-ter, sie gin-gen frü-her o-der spä-ter, ich hätt so
43
A♭
4fr
E♭
F
D.S. al Coda
man-chen ö-den Tag lie-ber mit dir ver-bracht. Das
Coda
46
E♭
B♭
F
E♭
B♭
F
E♭
B♭
her. Mmh, das ist jetzt un-ge-fähr drei Män-ner her. Un-ge-fähr, un-g-efähr, un-ge-fähr

51
F
Eb
Bb
F
Eb
Bb
drei Män-ner her.
Das letz-te Mal, das ich so rich-tig
55
F
Eb
Bb
F
aus-ge-las-sen war, das war mit dir da-mals auf Sylt in der San-si-bar.
Wir ham ge-
58
Cm
3fr
Gm
Cm
3fr
Gm
Eb
quatscht bis in die Pup-pen, und vor-her gin-gen wir sinn-los Shop-pen. Wir schwamm'n be-sof-fen nachts im Meer, das ist jetzt
61
F
Gm
Gm
Eb
Bb
F
Gm
Eb
Bb
F
rep. ad lib.
un-ge-fähr drei Män-ner her.
Das ist jetzt un-ge-fähr

Mark

Musik: Hartmut Kayser; Ina Müller, Frank Ramond
Text: Ina Müller, Frank Ramond

26
nie nach__ dem… ver - pisst. Mark war auch jün - ger, war bes - ser ge - baut,__
E
D
33
Mark hät - te nie nach__ 'ner an - dern__ ge - schaut. Jetzt hab' ich
E A F♯m D E A F♯m
39
Jens und der ist auch ganz__ o - k, ich freu mich__ auch im - mer,__ wenn ich ihn__ mal seh.
D E A F♯m Bm D
46
Doch ganz e - gal, was__ der Jens mit__ mir tut,__ ich denk je - des Mal mit Mark war's

E Bm E Bm E
52
dop-pelt so gut. Ich weiß, dass soll man ja nicht, das ist al-bern und dumm, doch ich
Bm D E A
58
rech-ne noch im-mer in Mark um.
66
To Coda
A
Na ja, mit Mark ist ja
72
auch 'ne Wei-le her, so dol-le wie da-mals wär's heut wohl nicht mehr.

78
Mark sieht be - stimmt nicht__ mehr ganz so__ gut aus, hängt nur noch rum auf__ 'm
84
So - fa__ zu Haus. Er gä - be__ sich si - cher nicht mehr ganz so__ viel Mü - he,__ nach
90
fünf Jahrn__ Zu - sam - men - woh - nen und drei Jah - ren E - he,__ Mark kann wahr - schein - lich__ auch
96
E
D.S. al Coda
nicht mehr__ so oft, sein Hin - tern__ ist fal - tig__ und nicht mehr__ so soft.

Coda
103
F♯m C♯m D E F♯m
Ich frag mich__ auch nur noch__ bei län-ge-ren__ Af-fä-ren,__ was wär wenn__ die
109
C♯m D E F♯m C♯m D
Män-ner Mark__ ähn-li-cher wä-ren?__ Mit Mark wär's__ wahr-schein-lich__ nicht bes-ser__ ge-
115
E C♯m F♯
-lau-fen, doch was kann ich mir da-für heu-te__ noch kau-fen?__
122
E F♯ B G♯m E F♯
4fr
Jetzt hab' ich Jens und der ist auch ganz__ o-k, ich freu mich__ auch im-mer,__ wenn

B G♯m E F♯ B G♯m C♯m
128
ich ihn mal seh. Doch ganz e - gal, was der Jens mit mir tut, ich denk im - mer
E F♯ C♯m F♯ C♯m
135
nur mit Mark war's dop - pelt so gut. Ich weiß, dass soll man ja nicht, das ist al - bern und
F♯ C♯m E F♯ B
141
dumm, doch ich rech - ne noch im - mer in Mark um.
148
Im - mer noch in Mark un.

Bye bye Arschgeweih

Musik und Text: Frank Ramond

PMG 2011-PMG2423/WOR10

F
Cm
3fr
E♭
10
Mus - tern vor - ne drauf.
Für dich hab ich nur na - bel - frei ge - tra - gen, bei
Cm
3fr
F
B♭
13
Schnee und Sturm und kal - ten Win - ter - ta - gen.
Bye bye, Arsch - ge - weih.
E♭
F
B♭
E♭
F
16
Ich geb dich zum La - sern frei.
Out bist du, mein Steiß - tat - too.
Un - s're Jah - re sind vor - bei.
Cm
3fr
F
B♭
E♭
B♭
E♭
19
Du hast mei - nen Po ge - krönt,
und jetzt bist du so ver - pönt.
Ich mach Schluss mit dir und der ner - vigs - ten Fra - ge von al -

To Coda
F Eb Bb Eb F Bb
22
-len: Wie tief kann ei - ne Jeans noch sin - ken, oh - ne zu fall'n? Du warst der
Bb Eb
25
letz - te Schrei. Ich hab mich da - mals oft ge - bückt, und hab dann zwi - schen mei - nen Bein' ge -
F Bb
28
guckt, ob ei - ner guckt. Die Tren - nung wird be - stimmt nicht bil - lig, ich werd mein
Eb F
30
Kon - to ü - ber - ziehn. A - ber wenn al - les klappt, dann kann ich mir'n biss - chen Geld da - zu ver - die - nen.

Cm Eb Cm F
D.S. al Coda
Denn ü-ber mei - nem Hin-ter-teil___ da wird jetzt Wer - be - flä-che frei.___
Coda
Bb
zu fall'n?
Cm F Bb Eb Cm F
Ich geh ger - ne mit dem Trend, der Mensch muss sich mal ver-än - dern. Ich mach je - de Mo - de mit__ a-ber
Eb F
nicht zehn Jah - re___ nach all___ den an - dern.

45
B♭ E♭ F B♭
Bye bye, Arsch - ge - weih. Ich geb dich zum La - sern frei. Out bist du, mein Steiß - tat - too.
48
E♭ F Cm 3fr F B♭ E♭
Un - s're Jah - re sind vor - bei. Du hast mei - nen Po ge - krönt, und jetzt bist du so ver - pönt. Ich mach
51
B♭ E♭ F E♭ B♭ E♭ F
Schluss mit dir und der ner - vigs - ten Fra - ge von al - len: Wie tief kann ei - ne Jeans noch sin - ken, oh - ne
54
B♭ B♭ E♭ F B♭
zu fall'n? Wie tief kann ei - ne Jeans noch sin - ken, oh - ne zu fall'n?

1000 Lichter

Musik: Hartmut Kayser
Text: Lorenz Ritter

A D A D
19
der Ha - fen scheint so groß.___ Doch au - ßer, dass ich steh_ und guck,
ist viel zu lan - ge her.___ Ich war - te, gu - cke in die Ster - ne
Bm7 D C♯m D
23
ist hier längst nix mehr los.___
und schwimm im Lich - ter - meer.___
Tau - send Lich - ter leuch - ten,
C♯m D A E/G♯ D Bm7
28
ich könnt hier e - wig stehn.___ Die Nacht ist heu - te viel zu___ schön, um jetzt ins Bett zu gehn.
D C♯m D C♯m D
33
___ Mil - lio - nen Ster - ne ü - ber mir,___ ich steh hier ganz al - lein.___

38
A E/G♯ D Bm7 D
Grad e-ben war ich noch bei dir,
und möcht schon wie-der bei dir sein.
43
1. A D A D A D
49
A D
2. A D A
54
D A D A D A
rit.

Lieber Orangenhaut

Musik und Text: Frank Ramond

Fm
Db
25
Man checkt sie aus, sie lä-chelt brav, doch ei-gent-lich ist sie
Ab
Eb
32
nicht scharf da-rauf.
Ich möch-te nie wie-der acht - zehn sein, so
Fm
Db
Ab
Db
Ab
Db
39
nied-lich, dumm und klein, so 'ne ki-chern-de Back - fisch-braut, die dumm aus der Wä - sche schaut.
Eb
Fm
Db
Ab
Eb
44
Ge - klau-te Mei - nung, ver-peil-ter Stil, an-ti-sep-tisch und ste-ril. Lie-ber O-ran - gen-haut

50
D♭ 4fr
A♭ 4fr
E♭
A♭ 4fr
als gar kein Pro - fil. Ich hab lie - ber O - ran - gen - haut, als gar kein Pro - fil.
56
A♭ 4fr
Sie guckt na - iv und die Ker - le kom - men, jetzt fühlt sie sich echt ernst
62
Fm
D♭ 4fr
ge - nom - men und ge - fragt. Und je - der schiebt sie durch
68
A♭ 4fr
den Saal und nickt da - zu im Takt, ganz e - gal was sie sagt. Nur

75
Fm
ein Glas Sekt__ und sie brab - belt los,__ ih - re Welt ist klein__ und die Plä - ne groß,_ sie will raus.__
(2.x improvise ad lib.)
80
D♭
4fr
Viel - leicht ein Jahr__ ins Aus - land gehn,_ Kar - rie - re, Kin - der, Dip - lom
86
A♭
4fr
E♭
__ be - stehn__ und 'n Haus.__
Ich möch - te nie___ wie - der acht -
92
Fm
D♭
4fr
A♭
4fr
D♭
4fr
- zehn sein,_ so nied - lich, dumm__ und klein, so 'ne ki - chern - de Back - fisch - braut,_ die ner - vös auf den Nä -

97
A♭
D♭
4fr
E♭
Fm
- - geln kaut.__ Ge - klau - te Mei - nung, ver - peil - ter Stil,__ an - ti - sep - tisch und__ ste - ril. Lie - ber O - ran -
103
- gen - haut als gar kein Pro - fil. Ich hab lie - ber O - ran - gen - haut, als gar kein Pro -
1.
2.
109
- fil. fil.
115
rep. ad lib.
Nie wie - der acht - zehn sein.__

Auf halber Strecke

Musik: Hartmut Kayser; Ina Müller, Frank Ramond
Text: Ina Müller, Frank Ramond

PMG 2011-2419/WOR5

Ab Cm Db Bm Eb Ab Cm
15
Auf hal - ber Stre - cke zwi - schen Ku - schel - tuch und Rheu - ma - de - cke, zwi - schen ers - ten Küs - sen und an -
Db Bm Eb Fm Ab Cm
18
-dau - ernd Blut - druck - mes - sen müs - sen. Kein se - xy Ding mehr, a - ber Spaß da - ran wie noch
Db Dbm Bbm Db Eb(sus4) Eb
21
nie. Ich glaub ich bin ir - gend - wie so'n bi - schen da -
Ab Gb To Coda Ab Gb
24
-zwi - schen. So'n bi - schen da - zwi - schen.

A♭
D♭
A♭
4fr
28
Noch könnt ich mich_ ver - än - dern__ und ganz von vor-ne an - fang'. So'n völ-lig neu - es Le-
D♭
B♭m
E♭
31
- ben__ mit un - ge - wis - sem Aus - gang. Ich könnt mich neu ver-lie - ben und Lie-der drü - ber schrei
B♭m
E♭
B♭m
E♭
D.S. al Coda
34
- ben, doch so wie's gra - de aus - sieht wird's wohl bei dem_ hier blei - ben.
Coda
Fm
D♭
Fm
38
Wär ich ein Mann, wär ich jetzt im bes - ten Al - ter. Für Ke - vin zu alt,__

B♭m E♭ A♭ Cm D♭ Bm E♭ A♭ Cm
41
zu jung für Wal - ter.
D♭ Bm E♭ Fm A♭ Cm
45
Kein se - xy Ding mehr, a - ber Spaß da - ran wie noch
D♭ D♭m B♭m D♭ E♭(sus4) E♭
48
nie. Nicht jung, nicht alt, ir - gend - wie so'n bi - schen da -
A♭ G♭ A♭ G♭
51
- zwi - schen. So'n bi - schen da - zwi - schen. Mmh, mh.

De Klock is dree

Musik & Text: Andreas Dopp, Ina Müller

17
Am7
F(add9)
C
kickst du mi lang an, be-vör du still swiggst. Un ik bün ganz dicht bi di, un dat krib-belt wie noch nie.
20
G
F
Am/E
F/C
To Coda
C
Ö-ver veer-tig un föhl mi wie 'n Tee - nie.
De Plat-ten-spe-ler dreiht sik,
24
Am7
F(add9)
C
G
C
wat du seggst deit mi goot.
Ik rüük di so geern, du deist so ver-troot.
Un du küsst mi den Hals,
28
Am7
F(add9)
C
G
D.S. al Coda
striekst mi ö-ver't Ge-sicht.
Un du büst veel to jung, o-ver dat küm-mert mi nich.

Coda
C G Am7 F(add9) C
31
De Klock is dree, blots wi twee, wie du mi an - kickst. Nu is dat hell,
G Am7 F(add9)
36
wi ver - tellt, de eers - te Zi - ga - rett, be - vör du still swiggst. Un ik ligg ganz dicht bi di,
C G Am7 F(add9)
39
un de Sünn schient wie noch nie. Wie du mi an - kickst. Un ik bliev so - lang bi di,
C G F Am/E F/C
43
bit de Mond schient wie noch nie.

Mama

Musik & Text: Andreas Dopp, Ina Müller

23
D(sus2) F♯m7 E A
Ik tööf op di, du,__ ik sitt hier__ in Huus, mh.__
31
E D(sus2) A F♯m
Un wenn de Stadt weer__ to koolt för__ di warrt, koom man__ no Huus hin,__ denn
38
D(sus2) A E
warm ik__ di op. Un wenn de Stadt weer__ to
45
D(sus2) A F♯m D(sus2) A
luut is__ för di, koom man__ no Huus un__ denn swieg ik__ mit di,

E A A D(sus2) A
52
mh.
Föhr ö-ver't Land un ik reek dis - sen Wind.
D(sus2) F♯m7 E A
59
Ik seh de Lüüd un ik seh mi as Kind,
mh.
D(sus2) A
67
Ik stell mi vör, wie mien Le - ben wull is,
wenn dat
D(sus2) F♯m7 E A
74
Huus un wenn du nich mehr büst,
mh.

E
D(sus2)
A
F♯m
81
Un wenn de Stadt denn to koolt för mi warrt,
bliev ik al - leen un nüms warmt mi mehr
89
op.
Un wenn de Stadt denn to luut is för mi,
97
gifft't keen to Huus mehr, nüms swiggt mehr mit mi,
mh.
105
F♯m7
Ah,
ah.

A
E
D(sus2)
A
113
Ah,
F♯m
D(sus2)
A
E
A
121
ah.
Ma - ma.
F♯m
D(sus2)
A
129
rit.
a tempo
Gifft't keen to Huus mehr, nüms swiggt mehr mit mi,
A
E
A
135
Ma - - ma.

Nees in Wind

Musik & Text: Andreas Dopp, Ina Müller

A
E
F♯m
A/B
dink dor ö - ver no, ob ik oh-ne wat to seg-gen goh, wiel ik, ik much hier blots weg. Ik kann nich mehr,
E
G♯
4fr
A
Am
E
mien Kopp hangt scheef, mien Hart liggt quer. Ik kann't hier nich mehr ut - holn.
Mien Blick is kloor, un wat ik weet. Hier kann ik dat nu ut - holn.
C♯m
F♯m
A/B
E
Ik mütt mien Nees in'n Wind holn. Ik will an't Meer,
Mien Nees mol lang in Wind holn. Ik loop üm - her
G♯
4fr
A
Am
E
To Coda
platt-barft dör'n Sand, bi win-dig We - der. Un lo-pen, bit dat weh deiht,
platt-barft dör'n Sand bi win-dig Wed - der. Kann la-chen bit dat weh deiht,

C♯m F♯m A/B E
de Wind mi ut___ 'n Moors___ fleit. Ik kiek mi noch_ mol üm,___
Emaj7 C♯m C♯(sus2) A
but-en schient nu al___ de Sünn. Ik heff vun all dat hier__ ge-nuch_____ un nehm denn
E F♯m A/B E
eers-ten Au - to-zuch,__ wiel ik, ik much hier blots weg.___ Ik kann nich__ mehr,____
G♯ 4fr A Am E
mien Kopp hangt scheef,__ mien Hart liggt quer.___ Ik kann't hier nich_mehr ut - holn.

C♯m F♯m A/B A G♯m
Ik mütt mien Nees in'n Wind__ holn. Nu stoh ik hier,_ de Fööt in Sand_ un
F♯m G♯m A G♯m F♯m
föhl mi Vo - gel - free.____ De Him-mel so wiet,_ de Wel-len so hoch, un ik man blots ganz lütt._
A/B
D.S. al Coda
__ Ik kann nich mehr.
Coda
C♯m F♯m A/B
de Wind mi ut__ 'n Moors__ fleit. mmh, mh, mh.___
E Emaj7 E Emaj7
(pfeifen)